Bay

North Korea

Taebaek Mtns.

Chuncheon

38⁰ -

100 mi
100 km

Inch'on

★ **Seoul** Gangneung

☐Han ☐Pyeongchang Ulung

Suwon Wonju

Taean Haean☐ Naktong River Sea of Japan (East Sea)

N.P.

☐ Andong

☐ Geum River

Yellow Sea Gunsan

Chonju **Daegu** Pohang

Sobaek Mtns. Masan **South Korea**

Mokpo Gwangju **Busan**

Yeosu

Ferry Sinking 4/16/2014 — ★☐ Dadohae Haesang N.P.

Korea Strait Tsushima (Japan)

Cheju Strait

⌒ Mt. Halla Japan

Jeju Island N↑

SOUTH KOREA

LOW / HILLS / MOUNTAINS

Guide de voyage

Corée du Sud

2024

Explorez Séoul, l'île de Jeju, Busan et Gyeongju en utilisant l'étiquette et l'itinéraire prévu pour un voyage commémoratif.

Par

Pauline Robertson

Tableau de contents.

4

Introduction.

Bienvenue au cœur palpitant de la Corée du Sud !

Nous vous invitons cordialement à faire un voyage passionnant à travers la tapisserie vibrante de la riche histoire de la Corée du Sud, de sa culture séduisante et de son environnement naturel à couper le souffle avec notre guide de voyage tout compris. Ce livre est destiné à être votre compagnon de voyage fiable, vous ouvrant les portes d'expériences incroyables et d'événements qui changeront votre vie, que vous soyez un voyageur expérimenté à la recherche de nouvelles aventures ou un débutant en quête d'excitation.

Avec son mélange captivant de modernité et de patrimoine, la Corée du Sud possède une allure captivante qui attire les touristes du monde entier.

Chaque recoin de cette région magique a une histoire à découvrir, depuis les plages calmes de l'île de Jeju, où la grandeur de la nature se dévoile dans des vues spectaculaires, jusqu'aux rues animées de Séoul, regorgeant de l'énergie d'une métropole en perpétuel mouvement.

Notre guide a été soigneusement choisi pour offrir non seulement des conseils utiles, mais également pour capturer l'esprit de la Corée du Sud, une nation qui allie habilement coutumes traditionnelles et innovation moderne. Vous ferez une visite des palais imposants et des temples vénérés qui témoignent du magnifique passé de cette nation en tournant les pages de ce livre. Des coutumes raffinées d'une cérémonie traditionnelle du thé à la cuisine de rue grésillante, vous savourerez les saveurs complexes de la cuisine sud-coréenne. De plus, vous traverserez les paysages à couper le souffle de ce pays, qui s'étendent de la beauté tranquille des vestiges historiques de Gyeongju aux falaises escarpées de Jeju.

Nous avons exploré les enclaves secrètes au-delà des destinations touristiques populaires, vous invitant à découvrir des trésors moins connus qui mettent en valeur le côté plus privé de la Corée du Sud. Mais il ne s'agit pas uniquement de points de vue ; nous sommes là pour vous aider avec les aspects pratiques du voyage, comme réserver des hôtels, utiliser les transports en commun et assurer votre sécurité.

Préparez-vous à être captivé par l'essence colorée de la Corée du Sud et partez pour un voyage mêlant harmonieusement histoire, excitation et moments à couper le souffle. Rejoignez-nous pour explorer ce pays fascinant, où innovation et tradition cohabitent et où il y a toujours de nouvelles découvertes à faire.

Alors rassemblez votre sens de l'émerveillement et de l'envie de voyager et rejoignez-nous pour une incroyable visite à travers le charme captivant de la Corée du Sud.

Chapitre 1 : Se préparer

1.1. Conditions requises pour un visa

Il est crucial de comprendre les critères de visa avant de commencer votre voyage en Corée du Sud. Un visa valide garantit un voyage facile et sans entrave, un peu comme une clé en or qui ouvre l'entrée d'un trésor. Selon votre pays d'origine, la raison de votre visite et la durée de votre séjour, les conditions d'obtention d'un visa pour entrer en Corée du Sud diffèrent. Il est suggéré de parcourir attentivement la procédure de demande de visa sur le site officiel de l'ambassade ou du consulat de la République de Corée dans votre pays. En règle générale, les voyageurs doivent fournir un passeport valable au moins six mois, un formulaire de demande de visa dûment rempli, des photos au format passeport et une preuve de leur horaire de voyage et de leur hébergement. Afin de garantir un début serein et fluide de votre voyage en Corée du Sud, il est impératif que vous commenciez la demande de visa bien avant les dates auxquelles vous comptez vous rendre.

1.2. Moment idéal pour partir

Avec ses offres remarquables tout au long de l'année, la Corée du Sud est un pays riche en délices saisonniers. Chaque saison crée un paysage différent, une toile en constante évolution qui attire les touristes par son attrait varié. Les fleurs de cerisier couvrent le pays d'une grandeur semblable à celle de la barbe à papa au printemps, tandis que l'été offre des festivals éclatants et une abondance de verdure. La fraîcheur de l'automne projette des teintes chaudes sur le paysage, déclenchant un spectacle flamboyant, tandis que la couverture de neige de l'hiver invite les skieurs et les passionnés à profiter de leur paradis hivernal. En organisant votre voyage en fonction de ces variations saisonnières, vous pourrez profiter au maximum de votre séjour en Corée du Sud et mieux comprendre ses paysages époustouflants et sa culture dynamique. Même si chaque saison a son charme, il est important de prendre en compte l'environnement et la météo qui répondront le mieux à vos intérêts et aux activités que vous comptez faire pendant votre séjour.

1.2. Parole parlée et parole parlée

Apprendre la langue et acquérir les compétences conversationnelles nécessaires avant de vous immerger dans la culture sud-coréenne peut faire une grande différence dans la qualité de votre voyage. La majorité des gens parlent le coréen, qui est la langue officielle. Même si de plus en plus de personnes reconnaissent et utilisent l'anglais dans les zones urbaines et les destinations touristiques, connaître quelques expressions coréennes de base et des mots polis vous aidera à engager des conversations plus approfondies. Qu'il s'agisse de salutations courtoises comme « Annyeonghaseyo » (Bonjour) ou d'expressions de gratitude comme « Gomawoyo » (Merci), la volonté d'interagir dans la langue locale peut créer des liens profonds et promouvoir une compréhension plus profonde de l'héritage culturel de la nation. De plus, les applications mobiles et les outils de traduction comme Naver Papago et Google Translate peuvent être des alliés très utiles, facilitant la communication et la compréhension lorsque vous êtes en déplacement.

Connaître les nuances des exigences de visa, les meilleurs moments pour visiter et la langue locale peut être un début stimulant pour un voyage incroyable à travers la mosaïque colorée de la Corée du Sud. Avec tous les préparatifs nécessaires à votre disposition, vous êtes prêts à profiter des merveilles que ce pays passionnant a à offrir.

Chapitre 2 : Destinations

2.1. Séoul : une ville en mutation

Séoul offre une tapisserie captivante d'expériences où patrimoine et modernité cohabitent paisiblement. Débordante d'énergie, cette ville dynamique résume parfaitement l'esprit de la Corée du Sud avec ses bâtiments célèbres, ses quartiers animés et son riche héritage culturel. Séoul est une toile fascinante qui promet une variété de découvertes, de la majesté du palais Gyeongbokgung à l'énergie vibrante du secteur commercial de Myeongdong. Savourez les joyaux culinaires d'Insadong, promenez-vous dans les ruelles à la mode d'Itaewon et découvrez comment l'histoire et la modernité se rencontrent au Dongdaemun Design Plaza. Laissez Séoul déployer ses diverses couleurs devant vous, offrant un mélange harmonieux de charme traditionnel et moderne.

Le feu d'artifice du festival de Séoul en Corée

2.2.L'île de Jeju : un havre de paix.

L'île de Jeju, située au large de la côte sud de la Corée du Sud, séduit par ses paysages époustouflants et ses trésors naturels. Chaque partie de cette île est une merveille naturelle, de la grandeur imposante du pic Seongsan Ilchulbong au charme éthéré de la cascade de Jeongbang. Savourez le parfum de la flore colorée du parc Hallim, détendez-vous dans la sérénité du marché Olle de Seogwipo et explorez les tubes de lave historiques de la grotte de Manjanggul. L'île de Jeju invite les visiteurs à entrer dans un monde où le temps s'est arrêté et offre une évasion au cœur de la nature, tout en maintenant un équilibre délicat entre son héritage culturel et sa beauté immaculée.

2.3.Gyeongju : la maison des trésors antiques

Gyeongju, parfois surnommé le « musée sans murs », offre un aperçu remarquable du passé de la Corée du Sud. Nichée au milieu de paysages tranquilles, cette ville, autrefois capitale du royaume de Silla, offre une richesse de trésors anciens. Gyeongju dépeint de manière vivante son passé royal, du célèbre temple Bulguksa au complexe funéraire royal de Daereungwon. Faites un tour autour du magnifique étang Anapji, un lieu historique qui dégage une sérénité sereine, et émerveillez-vous devant l'architecture époustouflante de l'observatoire de Cheomseongdae. Gyeongju raconte une histoire de grandeur et de révérence tout en murmurant les secrets d'un passé révolu.

2.4. Bijoux plus petits connus

Derrière l'opulence des sites touristiques populaires se cachent des communautés secrètes qui révèlent un côté plus personnel de la Corée du Sud. Explorez des trésors moins connus en sortant des routes habituelles, comme la beauté paisible de la baie de Suncheon ou le passionnant hameau balnéaire de Sokcho. Imprégnez-vous du charme naturel des champs de thé vert de Boseong ou du charme du village folklorique de Hahoe d'Andong, où la tradition prend vie dans un cadre bucolique. Ces joyaux moins connus vous invitent à vivre des expériences inoubliables loin des sentiers battus, promettant une connexion plus intime et authentique avec la Corée du Sud.

Chaque endroit du centre de la Corée du Sud témoigne de la riche diversité culturelle et des paysages variés de la nation. De l'énergie vive de Séoul à la grandeur sereine de Gyeongju en passant par l'étreinte séduisante de l'île de Jeju, ces lieux offrent une garantie implicite d'expériences formidables et de souvenirs inestimables.

Chapitre 3 :
Hébergement et
réservations.

3.1. Divers choix d'hébergement

En découvrant la riche tapisserie de la Corée du Sud, vous trouverez un large éventail de choix d'hébergement offrant confort et exposition culturelle. Chaque lieu de séjour, de la modernité élégante des hôtels de luxe aux havres de sérénité des séjours traditionnels hanok, offre une fenêtre différente sur l'esprit de l'hospitalité coréenne. Savourez l'attrait des hôtels-boutiques à la mode de Séoul, qui regorgent de couleurs et de style urbain, ou choisissez de vous ressourcer dans les environs paisibles d'un hanok, une maison coréenne traditionnelle qui vous invite à remonter le temps. En dehors de la ville, les maisons d'hôtes en Corée du Sud enveloppent les clients de leur chaleur, offrant de petites escapades confortables qui capturent l'esprit du lieu. Que vous recherchiez l'atmosphère détendue de la campagne ou le style sophistiqué de la métropole, la Corée du Sud propose des alternatives d'hébergement qui pourraient correspondre à votre expérience idéale.

3.2. Faire Réservations et réservations

Choisir un lieu de séjour pour votre voyage en Corée du Sud est une décision importante qui doit être prise avec soin, en vous assurant que votre résidence préférée correspond bien à vos objectifs de voyage. Une recherche approfondie et une planification précoce correspondront le mieux au déroulement de votre voyage. Utilisez des services de réservation fiables et des sites Web officiels d'hôtels pour parcourir une variété d'options et de prix afin de pouvoir personnaliser votre voyage selon vos goûts. Si vous êtes attiré par le quartier de Gangnam à Séoul pour son énergie fascinante, Busan pour son escapade à la plage ou Jeonju pour son attrait rural, réserver à l'avance garantit un voyage parfait et personnalisé. Trouver le bon hébergement, c'est exprimer ses propres préférences et faire en sorte que votre visite devienne une histoire unique remplie de moments douillets et significatifs.

648015005 = JejuGold One Hôtel & Suites

0098227710500=Hôtel Westin Josun Séoul.

3.2.0.Hôtels économiques proposant généralement les éléments suivants :

- *Internet haut débit gratuit (wifi)*
- *Centre de remise en forme avec salles de sport/entraînement.*
- *Location de voiture.*
- *Centre d'affaires avec accès Internet.*
- *Bar lounge.*
- *Poussettes.*
- *Parking gratuit.*
- *Etc.*

3.2.1.Hôtel Aqua Palace.

Cet hôtel dispose d'un bain de source chaude, vous pourrez donc en profiter moyennant des frais supplémentaires. Si vous réservez une chambre côté mer, vous pourrez admirer la plage de Gwangri et prendre des photos d'un magnifique lever de soleil dans la chambre.

Il y a de nombreux cafés, restaurants et bars aux alentours.

3.2.2. Le Westin Jordyn Séoul

Le Westin Josun Séoul mérite des notes élevées de la part de nombreux voyageurs pour son emplacement central, à proximité des principaux sites touristiques, des zones commerçantes et de la ligne de métro City Hall.

3.2.3. Hôtel de Busan.

Personnel exceptionnel avec un service accueillant et serviable, des chambres propres et spacieuses avec des lits confortables. Emplacement privilégié relié aux grands magasins pour faire du shopping et des restaurants.

3.3. Accepter la modernité et la tradition.

Les options hôtelières de la Corée du Sud mélangent habilement histoire et innovation, allant des hanoks ruraux tranquilles aux gratte-ciel étincelants qui ponctuent l'horizon de Séoul. Chaque option d'hébergement offre une fenêtre sur le tissu diversifié du pays, que vous recherchiez les commodités opulentes des hôtels modernes ou les histoires personnelles nées de séjours dans de charmants hanoks. Savourez l'harmonie harmonieuse entre tradition et modernité, de la sophistication discrète des hébergements en ville à l'allure rustique des temples qui accueillent les invités pour des excursions spirituelles dans des environnements naturels à couper le souffle. Laissez les nombreuses options d'hébergement de la Corée du Sud, qui offrent un mélange de commodités traditionnelles et modernes, préparer le terrain pour un voyage immersif et captivant lorsque vous partez en voyage.

3.4. Luxe et authenticité en équilibre

Tel un beau ballet entre authenticité et grandeur, les hébergements de Corée du Sud offrent un accueil convivial et s'adaptent à toutes les envies. Chaque refuge vous permet d'écrire l'histoire de vos vacances de rêve, de la beauté opulente des hôtels haut de gamme qui rayonnent d'opulence et d'élégance au calme rustique des pensions nichées dans les bras de la nature. Savourez des moments splendides au centre de quartiers animés ou retirez-vous au rythme paisible de la vie rurale dans des maisons d'hôtes pittoresques. La Corée du Sud vous invite à expérimenter les joies du confort et de la découverte dans une égale mesure, que les bistros et les boutiques ou le calme et la tranquillité du monde naturel définissent votre aventure.

Les hébergements en Corée du Sud offrent un mélange enchanteur de charme traditionnel et moderne qui complète les histoires de vos voyages. Chaque option d'hébergement, qu'il s'agisse d'hôtels de luxe opulents ou de séjours traditionnels immersifs, donne le ton de votre aventure sud-coréenne et vous garantit une expérience qui vous est unique.

Chapitre 4 : Découvrir la culture sud-coréenne

4.1. Gourmandises gourmandes

Faites un voyage gastronomique qui satisfait le palais et révèle les subtilités de l'abondante histoire culinaire de la Corée du Sud. Chaque repas raconte une histoire qui allie créativité et tradition, du côté sexy de la cuisine royale au grésillement des vendeurs de rue. Savourez les spécialités nationales de la Corée du Sud, notamment le célèbre kimchi, un plat d'accompagnement fermenté coloré et épicé qui capture l'esprit de la cuisine nationale. Découvrez la saveur riche et fumée du bulgogi, un bœuf soigneusement mariné et grillé qui capture les saveurs copieuses et savoureuses du barbecue coréen. Savourez le plaisir partagé des fondues grésillantes, où les ragoûts fumés et les bouillons bouillonnants vous incitent à passer du temps ensemble. Allez au-delà des conventions et découvrez les joies de la cuisine de rue. Du célèbre tteokbokki, un plat de galettes de riz épicées, au savoureux bindaetteok, qui ressemble à des crêpes, chaque plat offre une histoire culinaire unique mêlant le sucré et le salé, le moelleux et le croquant, dans une délicieuse harmonie.

4.2. Achats et Marketplaces

Découvrez une mosaïque extravagante d'expériences de shopping qui capturent parfaitement l'essence de l'art artisanal séculaire de la Corée du Sud et du cosmopolitisme contemporain. Explorez les divers quartiers de Myeongdong, où les boutiques animées et les avenues commerçantes animées reflètent l'énergie dynamique de la ville et proposent de tout, des vêtements haut de gamme aux produits de beauté K. Découvrez les trésors cachés du marché de Namdaemun tout en écoutant le chœur animé des vendeurs vendant de tout, du ginseng aux vêtements, et profitez de l'agitation du commerce en plein centre de Séoul. Promenez-vous dans les ruelles sinueuses d'Insadong pour un avant-goût de l'histoire et de la culture. Ici, les salons de thé, les galeries d'art et l'artisanat traditionnel se réunissent pour offrir un havre de paix qui témoigne de l'esprit créatif de la Corée du Sud. Enfin, satisfaites votre curiosité au marché de Gyeongdong, un marché abondant de légumes colorés, de spécialités locales et d'herbes qui capturent l'esprit de l'héritage botanique et culinaire de la Corée du Sud.

À chaque bouchée dégustée et à chaque trésor découvert, le tableau culturel de la Corée du Sud prend vie, capturant l'esprit dynamique et le riche héritage de la nation.

Chapitre 5 : Sécurité et conseils pratiques

5.1. Sécurité essentielle

Accorder la priorité à la sécurité lorsque vous partez en vacances en Corée du Sud vous garantira un voyage fluide et inoubliable. La Corée du Sud, connue pour ses habitants aimables et ses quartiers ordonnés, offre une atmosphère conviviale aux clients. Les précautions de sécurité de base sont essentielles, comme dans toute situation de voyage. Protégez vos biens, surtout dans les endroits très fréquentés, et soyez à l'affût des petits vols. Conservez à tout moment une copie de votre passeport et de tout autre document critique. Pour plus de sécurité, pensez à utiliser le coffre-fort de l'hôtel. Les zones urbaines de Corée du Sud sont généralement sûres, mais vous devez toujours être conscient de votre environnement et faire preuve de prudence, surtout la nuit. Dans le cas peu probable d'une urgence, contactez immédiatement l'ambassade de votre pays et les autorités locales pour obtenir de l'aide dans les plus brefs délais.

5.2. Guide des transports

L'utilisation du système de transport en commun efficace en Corée du Sud garantit un accès facile aux nombreuses attractions du pays. L'infrastructure de transport du pays, qui comprend les systèmes de métro efficaces de Séoul et de Busan ainsi que les trains et bus interurbains qui parcourent les paysages du pays, offre un moyen de transport en commun pratique et accessible. Découvrez la carte T-money, une carte à puce rechargeable qui facilite les déplacements dans une variété d'options de transports en commun. De plus, les taxis constituent un moyen de transport polyvalent, notamment lorsqu'il s'agit de se rendre dans des endroits inaccessibles par les transports en commun. Faites attention aux lois tarifaires et, si vous le pouvez, demandez au chauffeur d'utiliser le compteur. Utilisez des applications pour smartphone fiables pour obtenir des itinéraires et des informations de voyage à jour afin de vous assurer de voyager facilement dans les zones pittoresques et les zones urbaines de la Corée du Sud.

5.3. Traditions et courtoisies

Accepter les traditions et les manières de la Corée du Sud améliorera votre acculturation culturelle et favorisera l'harmonie avec la communauté. Les pierres angulaires des relations sociales sont la décence et le respect, et les habitants apprécient une compréhension de base des coutumes coréennes. Pratiquez l'étiquette réciproque, qui consiste à utiliser les deux mains pour offrir et accepter des objets, en particulier lorsque vous faites des affaires ou acceptez des cadeaux. Il est de coutume d'enlever ses chaussures lorsqu'on visite des maisons privées ou d'autres établissements traditionnels. Lorsque vous mangez, attendez que l'hôte ou le membre le plus âgé du groupe commence le repas et assurez-vous de suivre la pratique courante consistant à utiliser des baguettes et une cuillère. Découvrez le « jeong », ou les liens émotionnels forts et l'empathie qui sous-tendent les relations coréennes, et intégrez-les avec chaleur à vos conversations. Lors de votre voyage en Corée du Sud, vous pouvez nouer des relations durables et des conversations fascinantes en acceptant et en honorant ces normes sociétales.

5.4. Contacts en cas d'urgence

Avoir des contacts et des ressources d'urgence à votre disposition est essentiel pour garantir votre sécurité lors de votre visite dans un pays étranger. Pour vous protéger en cas d'urgence, conservez les coordonnées de l'ambassade ou du consulat de votre pays en Corée du Sud. Pour garantir une réponse rapide en cas d'urgence, familiarisez-vous avec les services d'urgence locaux, notamment les garde-côtes coréens, la police nationale coréenne et les services d'urgence médicale. Gardez dans vos favoris les numéros importants des hôpitaux, des pharmacies et de la réception de votre hébergement afin d'y accéder rapidement en cas de besoin d'aide.

- 119 Incendies et urgences médicales nécessitant une ambulance
- 112 Police
- 1339 Centre d'aide coréen pour le contrôle des maladies (KCDC), ligne d'assistance pour les étrangers
- 1345 Immigration (pour des questions simples liées à l'immigration)
- 1331 Commission nationale des droits de l'homme de Corée

- 182 personnes disparues et véhicules volés
- 1330 Ligne d'assistance aux voyageurs de l'Office coréen du tourisme
- 120 Informations sur le gouvernement municipal de Séoul
- 110 Centre d'appels du gouvernement national
- 100 Opérateur Télécom
- 114 Assistance-annuaire
- 123 Rapport de défauts électriques
- 132 Société coréenne d'aide juridique

Grâce à un équilibre judicieux entre sensibilité culturelle, sensibilisation à la sécurité et connaissance des principaux services d'urgence, votre voyage en Corée du Sud sera une expérience sûre et agréable. Saisissez chaque opportunité avec assurance, sachant que vous êtes capable de naviguer dans les différences culturelles subtiles de la nation et d'assurer votre propre sécurité pendant tout le voyage.

Chapitre 6 : Itinéraires

6.1 Aventures adaptées à la famille

Avec son large éventail d'attractions et d'activités familiales, la Corée du Sud offre un excellent cadre pour créer des souvenirs inoubliables pour les personnes de tous âges. Visitez Lotte World, un immense parc à thème couvert proposant des manèges exaltants et des divertissements familiaux, pour commencer votre voyage en famille à Séoul. Profitez d'une expérience interactive au Musée national de Corée, qui propose des expositions intéressantes pour les jeunes visiteurs curieux. Rendez-vous sur les plages enchantées de l'île de Jeju, où toute la famille pourra explorer les dioramas immersifs du Teddy Bear Museum ou s'émerveiller devant les sculptures enchantées en plein air de Jeju Loveland. Terminez vos vacances en famille en visitant Everland, le plus grand parc à thème de Corée du Sud. Avec une variété d'activités comme des montagnes russes palpitantes, des safaris et des défilés captivants,

Everland rendra à coup sûr les vacances de chacun heureuses et mémorables.

6.2 Le parcours du vautour culturel

Faites un voyage soigneusement planifié qui dévoile la tapisserie des merveilles historiques et des attractions contemporaines pour vous immerger pleinement dans la riche histoire et le patrimoine culturel de la Corée du Sud. Commencez votre voyage à Séoul par une visite du magnifique palais Gyeongbokgung, où vous pourrez admirer les antiquités du palais et assister au rituel de la relève de la garde. Explorez le village Hanok de Bukchon, un quartier traditionnel qui offre un aperçu des conceptions architecturales et des valeurs culturelles passées de Séoul. Voyagez à Gyeongju, qui abrite la beauté sereine de l'étang Anapji et l'imposant temple Bulguksa, qui rappellent tous deux la grandeur passée du pays. Laissez Jeonju, célèbre pour ses villages hanok traditionnels et les expériences immersives proposées au village hanok de Jeonju, compléter votre visite culturelle.

6.3. Aventurier Escapades

Les voyageurs à la recherche d'expériences immersives et de sensations fortes en plein air trouveront de nombreuses aventures pleines d'action en Corée du Sud. Rendez-vous au parc national de Seoraksan, où des itinéraires de randonnée à couper le souffle offrent des paysages enchanteurs et la possibilité de gravir Ulsanbawi ou Daecheongbong, deux des sommets les plus célèbres de la région. À Busan, où les plages de Haeundae et de Gwangalli vous invitent à pratiquer des sports nautiques, des activités en bord de mer et une vie nocturne animée, découvrez l'exaltation des sports nautiques et des escapades côtières. Voyagez à Danyang et vivez l'exaltation palpitante du parapente au milieu de vues à couper le souffle et de vallées luxuriantes. Terminez le voyage par un voyage sur l'île de Jeju, qui offre des sentiers de randonnée, des paysages volcaniques et des expériences sous-marines colorées comme la plongée dans les eaux vertes de Seongsan Ilchulbong ou la visite des tunnels et des formations de lave de la grotte de Manjanggul.

Créez une expérience qui satisfait votre envie de voyager avec des options d'itinéraire spécialement conçues pour garantir une expérience de voyage riche et engageante en Corée du Sud. Que votre style de voyage soit des aventures pleines d'adrénaline, des odyssées culturelles ou des aventures familiales, la Corée du Sud vous encourage à concevoir un voyage qui reflète vos propres intérêts et objectifs.

Chapitre 7 : Ressources

Nous passerons en revue dans ce chapitre les ressources clés dont chaque visiteur en Corée du Sud devrait être conscient. Avant de vous lancer dans votre aventure sud-coréenne, nous vous proposons tout ce que vous devez savoir, des contacts utiles aux connaissances de base en langue et en devises.

7.1. Contacts utiles

Il peut être très utile d'avoir accès à des contacts importants, notamment lors de voyages à l'étranger. Voici quelques contacts essentiels que tout voyageur devrait avoir à portée de main :

- Services d'urgence : En cas de besoins médicaux ou de sécurité urgents, composez le 119 pour une assistance d'urgence.
- Centres d'information touristique : ces bureaux fournissent des conseils sur les attractions locales, l'hébergement et les voyages. Les coordonnées des

principaux centres touristiques de Séoul, Busan, Incheon et d'autres grandes villes seront fournies.

- Ambassades et Consulats : Coordonnées des ambassades et consulats de différents pays en Corée du Sud pour toute assistance diplomatique.

- Lignes d'assistance téléphonique pour les transports locaux : informations sur la manière d'appeler les sociétés de transport locales, telles que le métro de Séoul, le bus de Séoul et le KTX (Korea Train Express), pour des questions sur les horaires et de l'aide.

7.2. Taux de change et devise

Comprendre l'argent et les taux de change est vital pour tout voyageur. Le won sud-coréen (KRW) est la monnaie du pays. Un aperçu de ceux-ci sera donné dans cette sous-section :

- La valeur actuelle du won sud-coréen par rapport aux principales devises.
1KRW = 0,000772 USD 31 décembre 2023 16h17 UTC.
- Informations essentielles sur les services de change, y compris les lieux de change, les frais et les conseils pour obtenir de la monnaie locale.

Les bureaux de change peuvent être trouvés dans des lieux physiques, comme dans les banques ou les aéroports, mais sont de plus en plus courants en ligne. Les frais de change varient tellement que les frais de carte de crédit peuvent être inférieurs aux frais payés via les taux de change ajustés.

Notes IMPORTANTES:

- **Évitez toujours les bureaux de change sans frais**
- **Recherchez régulièrement le taux de changebase.**
- **Comprendre la terminologie du change.**
- **Les cartes Forex évitent les frais de transaction inutiles**
- **Évitez d'échanger à l'aéroport**
- **Évitez d'effectuer des transactions directement par carte de crédit et de débit.**

7.3. En Corée du Sud, 50 mots faciles

Acquérir quelques compétences linguistiques de base rendra votre voyage beaucoup plus agréable. La liste suivante de 50 termes et expressions de base fréquemment utilisés en Corée du Sud est traduite en anglais :

1. Bonjour - Bonjour (annyeonghaseyo)
2. Merci - Merci (gamsahamnida)
3. S'il vous plaît - s'il vous plaît (butak hamnida)
4. Oui oui
5. Non - non (aniyo)
6. Excusez-moi - Excusez-moi (silyehamnida)
7. Au revoir - Au revoir (annyeonghi gaseyo)
8. Je suis désolé - je suis désolé (joesonghamnida)
9. Qu'est-ce que c'est? - Qu'est-ce que c'est? (ige mwoeyo ?)
10. Combien ça coûte? - Combien ça coûte? (igeo eolmaeyo ?)
11. Bonjour (yeoboseyo) - Bonjour (au téléphone)
12. Merci (gamsahamnida) - Merci
13. Désolé (mianhamnida) - Désolé
14. 저기요 (jeogiyo) - Excusez-moi
15. Quelle heure est-il? (myeot si eyo ?) - Quelle heure est-il ?
16. où es-tu ? (eodi eyo ?) - Où est-il ?
17. Salle de bain (hwajangsil) - Salle de bain
18. nourriture (eumsik) - nourriture
19. eau (mul)

20. .주세요 (juseyo) - S'il te plaît, donne-moi

21. Ami (chingu) - Ami

22. Sac (gabang) - Sac

23. Passeport (yeogwon) - Passeport

24. Portefeuille (jigab) - Portefeuille

25. bus (beoseu) - Autobus

26. Métro (jihacheol) - Métro

27. Taxi (taeksi) - Taxi

28. Hôtel - Hôtel

29. banque (eunhaeng) - Banque

30. Hôpital (byeongwon) - Hôpital

31. Pharmacie (yakguk) - Pharmacie

32. Photo (sajin) - Image/photo

33. achats - achats

34. mer (bada) - Mer/océan

35. montagne - montagne

36. Parc (gongwon) - Parc

37. Café (kafe) - Café

38. C'est délicieux (masisseoyo) - C'est délicieux

39. 비싸요 (bissayo) - C'est cher

40. 싸요 (ssayo) - C'est pas cher

41. Gros (keuda) - Gros

42. petit (jakda) - petit

43. loin (melolda) - loin

44. Fermer (gakkapda) - Fermer

45. Bon (jota) - Bon

46. Mauvais (nappeuda) - Mauvais

47. chaud (deopta) - Chaud

48. Il fait froid (chuwoyo) - Froid

49. 비 (bi) - Pluie

50. neige (nonne)

51. Météo (nalssi) - Météo

52. Anglais (yeongeo) - Anglais

53. Coréen (hangugeo) - langue coréenne

54. week-end (jumal)

55. Aéroport (gonghang) - Aéroport

56. Transport (gyotong) - Transport

57. Tourisme (gwangwang) - Visites/voyages

Ces mots et expressions simples peuvent vous aider à naviguer dans les interactions quotidiennes et à établir des liens importants tout au long de votre voyage en Corée du Sud.

En fournissant des informations complètes et pratiques dans ce chapitre, nous visons à vous doter des ressources et des connaissances nécessaires pour tirer le meilleur parti de votre voyage en Corée du Sud. Prêt à vous lancer dans cette aventure palpitante ? Continuons ensemble à découvrir les charmes et les mystères de la Corée du Sud !

Prime

Jour 1 : Arrivée à Séoul

- Matin : Voyage à Séoul et installation à votre hébergement.

Explorez l'ancien quartier du village de Bukchon Hanok pour commencer votre aventure, qui abrite des maisons traditionnelles coréennes de la dynastie Joseon.

- Visitez le palais Gyeongbokgung dans l'après-midi, le plus grand des cinq palais construits sous la dynastie Joseon. Admirez l'architecture à couper le souffle et l'histoire fascinante de ce site historique.

- Soirée : Promenez-vous dans les rues animées de Myeongdong pour découvrir le côté moderne de Séoul. Savourez le large éventail d'offres gastronomiques et parcourez les boutiques de souvenirs animées.

Jour 2 : Les charmes modernes et historiques de Séoul

- Matin : Explorez le quartier futuriste de Gangnam, un quartier animé connu pour son architecture contemporaine, ses boutiques de créateurs et ses cafés élégants.

- Après-midi : faites un voyage dans le temps au palais Changdeokgung et son magnifique jardin secret, un site classé au patrimoine mondial de l'UNESCO et une oasis de sérénité au milieu de la ville.

- Soirée : terminez la journée par une visite de la tour N de Séoul, où vous pourrez profiter d'une vue panoramique sur la ville et découvrir la roseraie LED colorée de la tour Namsan de Séoul.

Jour 3 : Nature et tranquillité sur l'île de Jeju

- Matin : Prenez un vol pour l'île de Jeju, un paradis naturel époustouflant aux paysages époustouflants. Commencez par découvrir le magnifique pic Seongsan Ilchulbong, un site classé au patrimoine mondial de l'UNESCO formé par l'activité volcanique.

- Après-midi : passez du temps à explorer le marché Seogwipo Olle de Jeju, réputé pour ses produits fabriqués localement, ses fruits frais et ses trésors insolites, ou rendez-vous au charmant musée des ours en peluche.

- Soirée : Admirez un coucher de soleil serein sur l'une des rares cascades au monde qui plonge directement dans la mer, la cascade de Jeongbang.

Jour 4 : Patrimoine et sérénité à Gyeongju

- Matin : Rendez-vous à Gyeongju, connu sous le nom de « musée sans murs ». Commencez votre visite par le célèbre temple Bulguksa, un magnifique exemple d'architecture et d'art bouddhistes.

- Après-midi : explorez le complexe funéraire royal historique de Daereungwon, qui conserve les monticules du royaume de Silla de manière exquise.

- Soirée : Terminez la journée par une promenade tranquille autour du charmant étang Anapji, doucement éclairé au crépuscule et qui dégage une ambiance calme.

Jour 5 : Adieu à la Corée du Sud

- Matin : passez vos dernières heures à visiter un marché local, comme le marché de Gyeongdong à Séoul, où vous pourrez déguster une cuisine de rue et récupérer des souvenirs de dernière minute.

- Après-midi : savourez les saveurs et l'atmosphère tranquille d'une cérémonie du thé traditionnelle coréenne dans un salon de thé voisin pendant que vous réfléchissez à votre aventure.

- Soirée : Décollez de Corée du Sud avec des souvenirs inestimables et une nouvelle compréhension de sa culture colorée, de sa longue histoire et de son environnement naturel époustouflant.

Printed in France by Amazon
Brétigny-sur-Orge, FR

20406085R00030